AF224371

ATHANASE COQUEREL

NOTICE BIOGRAPHIQUE

Extraite du Lien, *Journal des Églises réformées de France*

PAR

Ath. COQUEREL fils

Se vend au profit des Pauvres

50 c.

PARIS

IMPRIMERIE ALCAN-LÉVY

BOULEVARD DE CLICHY, 62

ATHANASE COQUEREL

NOTICE BIOGRAPHIQUE

Extraite du Lien, *Journal des Églises réformées de France*

PAR

Ath. COQUEREL fils

PARIS

IMPRIMERIE ALCAN-LÉVY

BOULEVARD DE CLICHY, 62

ATHANASE COQUEREL[1]

<center>~~~~~~</center>

NOTICE BIOGRAPHIQUE

<center>~~~~~~</center>

I. — 1795-1830

Athanase-Laurent-Charles Coquerel est né à Paris, le 27 août 1795.

Sa famille paternelle n'était pas protestante depuis long-temps ; mais le zèle religieux, la piété, l'étude assidue de la Bible y étaient des traditions déjà anciennes, et sa foi protestante fut pour ainsi dire le produit naturel, le fruit mûr que donna cette saine et forte culture. Laurent-Martin Coquerel, son bisaïeul, était jardinier-fleuriste à Rouen.

(1) On nous a demandé, de divers côtés, des détails sur la vie de notre père. Il est naturel que ses amis et son Eglise, qu'il a tant aimée, désirent jeter un coup d'œil d'ensemble sur sa laborieuse carrière, et ne se contentent pas des récits, souvent confus ou peu exacts, qui ont paru en plusieurs endroits. Nous essayons ici de répondre en quelque mesure à ce vœu, en racontant avec quelque détail, seulement la partie la moins connue de sa vie et en évitant le plus possible les souvenirs, trop douloureux pour nous, des luttes dont il a tant souffert. Nous espérons d'ailleurs écrire plus tard un récit beaucoup plus étendu de tout ce qu'il a fait pour l'Eglise, pour la vérité et pour la liberté chrétienne. Aujour-d'hui on excusera ce que doit avoir de très imparfait une notice tracée à la hâte sous le coup d'une si juste et si immense douleur.

Janséniste ardent, il donna à ses nombreux enfants (il en
eut huit) des noms de baptême destinés à leur rappeler ses
convictions religieuses. La plus jeune de ses filles, qui portait le nom de la pieuse mère de saint Augustin, Monique
Coquerel, fut la première protestante de sa famille. On peut
lire ailleurs (1) comment elle devint protestante et épousa
le dernier rejeton d'une famille janséniste bien connue,
Augustin du Fossé, qui devint lui-même protestant et uni-
taire et fut l'auteur de nombreux écrits contre le dogme de
la Trinité. Pendant leur exil en Angleterre, son mari et
elle, dans une affreuse détresse, trouvèrent sympathie et
appui chez la femme et les filles d'un officier anglais,
M. Charles Williams (d'Aberconway). Quand M. du Fossé
fut rentré en possession de ses droits, il attira ses anciennes bienfaitrices au château du Fossé; elles y firent de
nombreux séjours, se fixèrent en France, et ces relations
d'amitié aboutirent au mariage du neveu de M. du Fossé,
Athanase-Marie-Martin Coquerel avec Mlle Cécile Williams. Leur fils aîné fut M. le pasteur Coquerel.

Il perdit sa mère de très bonne heure et fut élevé, ainsi
que son frère Charles-Augustin (2), par ses deux tantes
Persis et Héléna-Maria Williams et par leur mère; cette
dernière était une pieuse écossaise et aimait à rappeler que
ses parents avaient combattu sous les drapeaux du Cove-
nant pour la liberté et la religion protestante. D'un autre
côté, Mlles Williams apprenaient à leurs neveux qu'un de leurs
aïeux avaient épousé la fille d'un marchand de la Rochelle
réfugié en Angleterre après la révocation de l'édit de
Nantes; ils n'étaient donc pas étrangers au vieux sang
huguenot et on leur enseigna dès l'enfance à y être fidèles.

(1) *Vie, écrits et opinions d'Augustin du Fossé*, dans mes *Libres
études*, p. 172.
(2) Voir ma *Notice* sur la vie et les ouvrages de Charles Coquerel, dans le
Lien du 15 février 1861.

Héléna-Maria Williams, à peu près oubliée aujourd'hui,
eut cependant une célébrité considérable en son temps, soit
pour ses poésies (dont une partie fut traduite en vers français par deux académiciens, alors fort en vogue, Boufflers
et Esménard), soit surtout par divers recueils de lettres sur
la Révolution Française, dont elle adopta avec un ardent
enthousiasme les glorieuses aspirations et dont elle déplora
ensuite les affreux égarements et la triste issue. Parmi les
poésies de Miss Williams, il en est de religieuses ; elles res-
pirent une piété douce et éclairée. Trente ans après sa
mort, ce fut une vive joie pour M. Coquerel d'entendre
chanter dans une église anglaise un des cantiques compo-
sés par elle et qu'il savait par cœur depuis son enfance :
While thee I seek, protecting Power... Cette hymne solen-
nelle et touchante fait encore partie des recueils de chants
sacrés aujourd'hui en usage dans diverses Eglises d'Angleterre.

L'éducation profondément religieuse qu'Athanase et
Charles Coquerel reçurent des dames Williams a dominé
toute leur vie, les a voués par avance au service de l'Eglise
Réformée à laquelle le plus jeune, resté laïque, consacra sa
plume de journaliste et de penseur; le second, sa puissante
parole et sa carrière pastorale. Ni l'un ni l'autre n'ont oublié un seul jour ce qu'ils devaient à ces pieuses femmes;
et c'est à leur mémoire que M. Coquerel dédiait, en 1829,
ses *Esquisses Poétiques de l'Ancien Testament* (1). Après
avoir parcouru à grands traits, dans une *Introduction* poé-
tique, les principaux événements et les noms les plus vénérables de la Bible, il terminait par ces vers :

> A ma mémoire fidèle
> Chacun de ces noms rappelle
> De femmes qui m'aimaient les premières leçons;

(1) Trois éditions : Amsterdam 1829 et 1831, Paris 1851.

> Il me souvient de ces voix maternelles !
>   Mon enfance instruite par elles
> A pour premiers discours bégayé ces grands noms :
> L'âge n'a point trompé ces soins et ces prières ;
> De cette vive foi j'ai gardé le flambeau,
> Et le tribut que j'offre à ces ombres si chères,
> Ces hymnes que j'écris... sont libres et sincères
>   Comme écrites sur leur tombeau.

En même temps que les deux sœurs gravaient profondément dans l'âme des orphelins une piété élevée et aimante, elles n'épargnaient rien pour cultiver leur esprit. La renommée de Miss Williams et sa position de fortune lui permettaient de grouper autour d'elle une phalange nombreuse d'esprits d'élite. Elle recevait habituellement chez elle des hommes remarquables à divers titres, tels que les deux Chéniers, Ginguené, le poète Lebrun, Bernardin de Saint-Pierre, le peintre Gérard, Bitaubé, l'évêque Grégoire, Kosciusko, Jean-Baptiste Say, traducteur d'un de ses ouvrages (*Voyage en Suisse*) et surtout Humboldt, dont elle a traduit en anglais les principaux voyages (14 volumes in-8°) et qui est resté jusqu'au dernier jour de sa longue vie fidèle à son souvenir et à l'amitié qu'elle lui avait inspirée pour ses neveux.

Plusieurs pasteurs occupaient une grande place dans l'intimité de la famille. Liée avec Rabaut Saint-Etienne, Mlle Williams le cacha pendant que sa tête était hors la loi ; et ce fut de chez elle qu'il se rendit, croyant être plus à l'abri, chez M. et Mme Payzac, qui tous deux, pour lui avoir donné asile, marchèrent avec lui à l'échafaud. Emprisonnée au palais du Luxembourg pendant la Terreur, en même temps que deux conventionnels, le pasteur Alba la Source et le marquis de Sillery, elle célébrait avec eux chaque soir un culte de famille que nous avons rappelé ailleurs (1). En des temps plus calmes, MM. Marron et Monod

(1) *Libres études*, page 278.

père furent ses amis dévoués dans la mauvaise fortune comme dans la bonne ; et ce dernier la pria d'être la marraine de son fils Horace (aujourd'hui pasteur-président à Marseille). Son fils aîné, M. Frédéric Monod et M. Coquerel, ne s'appelèrent jamais l'un l'autre que par leurs noms de baptême, et les divisions dogmatiques, si vives qu'elles fussent, ne purent jamais effacer entièrement entre eux ces souvenirs d'enfance.

On doit conclure de tout ce qui précède que le protestantisme libéral était, à divers titres, pour notre père, une tradition de famille, aussi bien que la piété sérieuse et la culture littéraire.

Après qu'il eût été quelque temps en pension à Genève, son frère et lui furent envoyés à Montauban en 1811, pour y étudier en vue du saint ministère, carrière à laquelle le plus jeune renonça plus tard. Ayant terminé ses études en 1816, M. Athanase Coquerel rentra à Paris et y trouva ses parents dans une position difficile. Leur fortune était déjà à peu près perdue, lorsque la chute de l'empire entraîna ou aggrava bien des catastrophes privées. Il essaya de se rendre utile à sa famille en aidant sa tante dans ses publications et sa traduction de *Humboldt*, devenues une laborieuse nécessité. Il était dans cette situation pénible, lorsqu'il refusa une place de pasteur, à laquelle la connaissance égale qu'il avait des deux langues anglaise et française semblait le destiner. Quoique élevé à Paris, il avait parlé l'anglais avant le français, et il lui est arrivé plus tard, chose très rare, d'être pris par des Anglais pour un compatriote, après avoir passé avec eux quelques jours en voyage.

L'Eglise de St-Héliers (île de Jersey) le nomma pasteur. Mais une condition absolue de cette nomination était la signature des 39 articles de l'Eglise anglicane, et sa conscience ne lui permettait, ni d'adhérer à toutes les doctrines de cette Eglise, ni surtout d'aliéner sa liberté en signant une confession de foi quelconque. Il s'est dévoué à ce grand principe de liberté évangélique dès les premiers jours de sa carrière, comme aux derniers, un demi-siècle après, en maintenant jusqu'à la mort son droit d'avoir un suffragant libre de ce joug humain des confessions de foi, qu'il n'a jamais voulu laisser imposer ni aux autres ni à lui-même.

Le jeune ministre du St-Evangile occupa la chaire de l'Oratoire le jour où nos Eglises célébrèrent le 3e anniversaire séculaire de la réformation, le 2 novembre 1817. Il avait pris pour texte le conseil de Gamaliel à ses collègues du Sanhedrin, au sujet de la persécution qui se préparait contre les apôtres : *Ne continuez plus vos poursuites contre ces hommes et laissez-les; car si cette entreprise ou cette œuvre est des hommes, elle sera détruite; mais si elle est de Dieu, vous ne pourrez la détruire.* On trouve déjà dans ce discours (qui a été publié plusieurs fois en tête des sermons de l'auteur) les mêmes principes de liberté et de largeur qu'il a soutenus depuis avec plus d'ampleur et d'éclat.

Un jour, M. Marron, qui était hollandais, lui proposa d'aller prêcher dans l'Eglise Wallonne (française) d'Amsterdam, où l'on ne s'accordait pas sur le choix d'un nouveau pasteur, et où l'on cherchait un ministre étranger pour donner plusieurs prédications pendant un intérim de quelques semaines. Il accepta l'offre et se rendit en Hollande. Là, sa parole eut un grand succès, qui l'étonna lui-même. Les membres de l'Eglise ne voulurent plus d'autre pasteur pour occuper la place vacante. Deux Eglises voisines, fort importantes l'une et l'autre comme étant le siége de deux universités, fréquentées par de nombreux étudiants et dirigées par des professeurs très considérés, voulurent entendre prêcher l'étranger, et lui demandèrent chacune de leur donner régulièrement chaque année un nombre de

prédications déterminé. Mais en même temps que le jeune
orateur chrétien recevait de si précieux encouragements,
un orage le menaçait. La Commission wallonne (délégation permanente du synode des églises réformées de Hollande), prétendit lui appliquer un règlement, d'après
lequel tout étranger qui n'avait pas encore occupé, dans
son propre pays, un poste de pasteur titulaire, ne pouvait
monter dans les chaires des Églises wallonnes, sans
subir un nouvel examen détaillé sur toutes les branches des
sciences théologiques. Il ne s'agissait pas seulement d'une
formalité académique ou ecclésiastique : on cherchait à
répandre des imputations d'hérésie contre l'enseignement
de la faculté de Montauban, dont le rétablissement était
tout récent encore, et l'on reprochait à ce jeune Français
d'enseigner des doctrines trop avancées. Les consistoires
d'Amsterdam, Leyde et Utrecht, accusés de violer en sa
faveur les règles établies, persistèrent énergiquement à
lui conserver la chaire, quoiqu'il offrît formellement à
celui d'Amsterdam de se retirer pour mettre fin à une tempête qui agitait, de plus en plus, toutes les églises protestantes des Pays-Bas. Nous avons sous les yeux une circulaire imprimée, par laquelle le consistoire de Leyde
déclarait à toutes les Églises du pays maintenir ses engagements envers M. Coquerel, et rendait hautement « le té-
« moignage le plus mérité à la pureté de sa doctrine, la
« droiture de ses mœurs et l'excellence de sa prédication. »
Le moyen le plus simple de désarmer l'opposition de
plus en plus violente qu'on élevait contre lui était de subir
à nouveau les examens qui terminent d'ordinaire les études
théologiques ; mais M. Coquerel ne voulut point admettre
que, dans un pays étranger, on eût le droit de considérer
comme suspects ou sans valeur les titres universitaires
légalement donnés par une faculté française. On prit un
moyen terme ; il consentit, non pas à subir des examens

or aux, mais à traiter par écrit des sujets donnés, relatifs aux diverses branches des études théologiques déterminées par le règlement. En conséquence, il lui fut délivré, par la Commission wallonne elle-même, une attestation où, après avoir constaté que les diplômes et le certificat d'aptitude au saint ministère, délivrés par la faculté de Montauban, étaient en bonne et due forme, « nous lui avons fourni, est-il dit, l'*occasion de traiter les différents points* spécifiés par le règlement, et le résultat de ces démarches a été l'admission de M. Coquerel à la prédication publique dans les Églises wallonnes. »

Ce fut pour réfuter, de la manière la plus naturelle et la plus directe, les accusations d'incrédulité qu'on tâchait d'élever contre lui, qu'il publia en 1819 un premier volume de *sermons;* la première édition de ce recueil fut bientôt épuisée, la seconde parut l'année suivante. Un deuxième volume de sermons fut publié encore, à Amsterdam, dix ans après.

Cependant, quand on voulut le nommer à cette place de pasteur qui lui avait été si vivement contestée, il la refusa par un scrupule de conscience. Tout en résistant aux malveillantes imputations suscitées contre la faculté montalbanaise, il avait reconnu lui-même que les études théologiques qu'il avait pu y faire étaient insuffisantes ; il ne se trouvait point assez instruit pour remplir, comme il voulait le faire, la tâche régulière d'un pasteur, surtout dans un pays protestant, où la piété et l'instruction partout répandues rendent les fidèles exigeants à juste titre. Il se sentait le besoin de réserver à l'étude de l'Écriture une partie très considérable de son temps. Ce refus, loin de rebuter ses amis, ne fit qu'accroître leur estime et leur désir de le conserver au milieu d'eux. On créa, pour lui, une place de *pasteur extraordinaire* sans autre fonction que deux prédications par mois.

Dès que son sort se trouva ainsi fixé, il retourna à Montauban (1819), pour épouser Mlle Nancy Rattier , à laquelle il était attaché par une affection persévérante, qui remontait aux premières années de ses études.

Pour s'astreindre à une investigation systématique et approfondie de la Bible, il entreprit l'ouvrage intitulé : *Biographie sacrée* ; il s'en occupa depuis juin 1821 jusqu'en 1826. La première édition forme quatre volumes in-8°, qu'il écrivit deux fois tout entiers de sa main ; le double manuscrit existe encore. Réédité à Paris en 1837, cet ouvrage fu traduit en allemand en 1838, et parut sous le nom d'Alber Knapp, sans qu'aucune mention fût faite du véritable auteur. Ce long travail donne une idée assez exacte, non-seulement du talent d'écrivain de l'auteur, mais aussi de l'école scientifique qui, à cette époque, prévalait en Hollande, et dont le principal représentant était Van der Palm. On a reproché aux théologiens hollandais de s'arrêter aux explications de détail, de s'élever trop rarement à une vue d'ensemble, et de s'en tenir presque toujours à une sorte de juste milieu entre la critique moderne et l'orthodoxie. Nous ne prétendons point ici que les recherches consciencieuses du jeune théologien aient échappé aux défauts de l'école au milieu de laquelle il se développait; il n'est pas moins vrai que la *Biographie sacrée* rendit en Hollande et en France de bons et nombreux services à la piété des fidèles et aux études des prédicateurs. Ce livre, où respire une foi chaleureuse et libérale, plein de pensées élevées et d'éloquentes appréciations, répondait largement aux besoins d'une époque où une littérature religieuse, à la fois sensée et appropriée au temps, faisait défaut en France. Inférieur sans doute aux productions de la science allemande, il occupa dans son cadre naturel une place considérable, utile à l'édification de l'Eglise.

Ni les **études** multipliées que nécessita ce long ouvrage, ni les travaux assidus de la prédication (à laquelle il se livra pendant douze ans en écrivant et en apprenant par cœur tous ses sermons) ne remplissaient tous les moments de l'actif écrivain. Il collaborait aux principaux journaux religieux et protestants de l'époque, aux *Annales protestantes*, publiées par son frère (page 24); aux *Archives du christianisme*, fondées dans le principe et dirigées par des protestants de toute opinion (MM. Juillerat, Charles Coquerel et autres) (1); à la *Revue protestante*, que Charles Coquerel rédigea seul de 1825 à 1830 (2); enfin, aux *Mélanges de religion et de critique*, de Samuel Vincent (3). Ce fut dans la *Revue protestante* qu'il inséra, sous le titre de *Lettre a M. Charles Coquerel*, son premier travail sur les hiéroglyphes; c'était le temps où les découvertes de Champollion révélaient l'antique Égypte au monde moderne, et l'on cherchait avec un vif intérêt jusqu'à quel point et en quel degré l'Ancien Testament et la science naissante de l'égyptologie s'éclairaient l'un par l'autre.

De plus vastes études avaient leur place dans les préoccupations religieuses du pasteur d'Amsterdam. En 1828, il commençait un ouvrage immense auquel on ne s'étonnera pas d'apprendre qu'il renonça avec le temps : c'était, sous le titre d'*Histoire de la Providence*, un travail analogue, sous quelques rapports, à celui que Bunsen écrivit plus tard sous ce titre plus saisissant encore : *Dieu dans l'Histoire.*

Les premiers essais du *Cours de Religion chrétienne* et du *Christianisme expérimental* sont de la même époque. Mais l'auteur, en se livrant à ces vastes pensées, était loin

(1) 1818, mars et juin. — 1821, mars. — 1822, janvier.
(2) 1825, p. 25, p. 145, p. 262. — 1826, p. 173, 241, 284, 285.—1820, p. 110. — 1830, p. 73, 145.
(3) Tom. IV, p. 60.

de dédaigner l'édification des petits et des simples : il avait traduit en 1828 de belles *hymnes en prose*, pour les enfants, devenues classiques en Angleterre, dont l'auteur, Mme Barbauld, était une ancienne amie de Miss Williams.

L'éducation de l'enfance eut toujours, pour ce vigoureux esprit, un caractère tout particulier d'obligation attachante et sacrée. Dès 1820, ému des premières joies et des premières sollicitudes de l'affection paternelle, il prêcha un sermon intitulé : l'*Avenir de nos enfants*, sur ce texte de saint Luc (I. 66) : *Que sera-ce de ce petit enfant?* La sensation que produisit ce discours fut grande ; le prédicateur dut le répéter dans la chaire de la Haye, devant une partie de la famille royale. La princesse d'Orange, sœur de l'empereur Alexandre, reine plus tard et mère du roi actuel, en fut profondément touchée ; elle voulut que le prédicateur lui fût présenté le soir même, et lui demanda de transcrire pour elle ce qu'elle avait entendu le matin.

Ce jeune pasteur, dont les affections de famille profondément senties développaient le talent oratoire et la puissance d'édification, eut bientôt à traverser des épreuves diverses.

Ses deux tantes ayant achevé d'épuiser les derniers débris de leur fortune, il sentit la nécessité de leur consacrer tout son temps. Chargé d'enfants, la modeste position d'un pasteur sans patrimoine ne lui permettait pas de subvenir tout ensemble à l'éducation de sa jeune famille à Amsterdam et à ses devoirs sacrés de reconnaissance envers celles qui, à Paris, lui avaient servi de mère. Rompant à regret ses relations avec une Église pleine d'affection pour lui, il donna sa démission pour aller à Paris se vouer tout entier à l'accomplissement de sa tâche filiale. Le Consistoire d'Amsterdam (pourquoi hésiterions-nous à le dire ?) refusa sa démission, et une députation d'amis lui apporta un portefeuille contenant 10,000 florins (près de 22,000 fr.), en le

priant de ne pas priver son troupeau de ses soins et de consacrer cette somme à ses obligations de famille. Il fit venir
mesdames Williams à Amsterdam, les recueillit chez lui,
et plaça en rentes viagères, sur leur tête, ce qu'il avait reçu.
A qui de pareils traits font-ils le plus d'honneur, d'un Consistoire dévoué à l'Eglise et à son pasteur, de ce pasteur
lui-même, ou des femmes vénérables qui méritaient si bien
sa gratitude ?

Il est peu de familles qui n'aient eu à passer par des
temps de crise où la mort frappe à coups rédoublés sur une
même maison. De 1825 à 1827, M. Coquerel perdit successivement, l'une à Amsterdam, l'autre à Paris où elle était
revenue, les deux parentes vénérées qui l'avaient élevé, son
père qui mourut au Fossé, un de ses fils, et à quelques jours
seulement d'intervalle, sa femme et sa fille aînée. Depuis
cette époque, ce qu'on a appelé le côté tragique de la vie,
le sentiment énergique du besoin qu'a l'homme de chercher
en Dieu sa force, prirent dans son âme et sa prédication un
dégré nouveau de réalité et d'élévation chrétienne.

Demeuré veuf à trente ans avec trois enfants en très bas
âge (le dernier avait six mois, l'aîné cinq ans), il se remaria
environ deux ans après. En 1852, lorsqu'il célébra avec sa
famille, le vingt-cinquième anniversaire de cette union, les
aînés de ses enfants le remercièrent de leur avoir donné
leur seconde mère, comme du plus grand bienfait qu'ils
eussent reçu de lui en ce monde.

Quelques mois seulement après son second mariage, il
risqua sa vie pour sauver celle d'une pauvre femme qui se
noyait. C'était le 21 mars 1828. Au moment où il sortait de
sa demeure, située sur le quai de l'Amstel, une femme, en
montant sur une de ces grandes barques de cabotage ma-
ritime si nombreuses en Hollande, glissa sur une planche
mouillée par la pluie et tomba dans l'eau. Il se précipita
dans la rivière sans prendre le temps de quitter aucun de

ses vêtements et fut obligé de plonger jusque sous le navire où le corps avait été entraîné. Il ramena la malheureuse sans connaissance ; mais on réussit, non sans peine, à la rappeler à la vie. Quelques jours après, une société destinée à honorer un genre de dévouement qui n'a que trop souvent l'occasion de s'exercer dans un pays brumeux et partout entrecoupé de canaux, lui fit remettre une médaille d'argent avec l'inscription d'usage : *Ob servatum civem.*

Il était arrivé en Hollande pour y prêcher quelques dimanches ; retenu par l'affection de son Eglise, il y demeura douze années. Ce fut en 1830 qu'il quitta Amsterdam pour exercer le ministère évangélique dans sa ville natale.

II. — 1830-1868

Quoique absent de France depuis douze ans, le pasteur d'Amsterdam n'était point oublié dans sa patrie. Ses ouvrages, et surtout sa réputation de prédicateur s'y étaient répandus. A plusieurs reprises on tenta de l'y rappeler. Le 14 février 1823, le Consistoire de Bordeaux (par neuf voix sur douze) lui adressa une vocation qu'il n'accepta pas, mais à laquelle il fut très sensible, et l'on a retrouvé dans des écrits relativement récents, la trace du souvenir reconnaissant qu'il avait toujours gardé de cet appel venu de France, sans avoir été sollicité par lui, pendant ses premières années de ministère. Quand la mort de M. Frossard, doyen de la Faculté de Montauban, y laissa vacante la chaire de *morale évangélique et d'éloquence sacrée*, il fut question de M. Coquerel pour lui succéder ; son nom fut inscrit sur la liste des candidats. Il vint alors à Paris pour s'occuper de sa canditature et se rendre, s'il y avait lieu, à Montauban. Il se trouva ainsi en relation avec Cuvier qui remplissait, par zèle pour la religion protestante, les fonctions de chef du service des cultes non catholiques. Cuvier l'ayant vu et entendu prêcher, voulut attacher à l'Église réformée de Paris le prédicateur amsterdamois. La place de professeur fut donnée à un autre et Cuvier fit proposer M. Coquerel au Consistoire par M. Marron, octogénaire, comme son suffragant. Ce fut ainsi qu'il devint pasteur de sa ville natale. Il y fut nommé pasteur-adjoint le 11 mai 1832 et pasteur titulaire le 7 septembre de la même année, après la mort de M. Marron. Il resta trente-huit ans au service de cette Église, et rien n'a pu l'en détacher.

Réorganisée officieusement par Rabaut Saint-Étienne et par Marron en 1787, et officiellement en 1802 par la loi de germinal, l'Église de Paris n'était encore, en 1830, qu'en voie de formation. Les Bourbons n'avaient favorisé qu'à demi la restauration de nos églises. Les réformés de Paris n'avaient que deux temples et quatre pasteurs (dont un adjoint). Le jour où M. Coquerel rentra à Paris avec sa femme et ses cinq enfants, les Bourbons venaient d'en sortir ; les barricades obstruaient la circulation, et les fiacres, les omnibus peu nombreux encore, étaient allés à Rambouillet, remplis d'une foule d'hommes et de femmes, la plupart armés, à la poursuite de Charles X. Nous vîmes même cet étrange cortége revenir, amenant dans la cour du Palais-Royal les voitures dorées de la famille déchue.

Le nouvel ordre de choses donnait au protestantisme plus de liberté d'action et de développement. Les cultes non catholiques, qui, sous la Restauration, dépendaient du ministère de l'Intérieur et de la division des Beaux-Arts, furent rattachés à un ministère *des Cultes*. M. Coquerel prit énergiquement à cœur le progrès de son Église, s'y dévoua de toutes ses forces et contribua puissamment, dès lors, à donner à notre foi une notoriété, un éclat et un puissance de propagation qu'elle n'avait pu avoir depuis la Révocation de l'Edit de Nantes.

La prédication était, à ses yeux, pour une Eglise protestante, le moyen le plus nécessaire et le plus fécond de vie et d'expansion. Il y donna tous ses soins. L'usage régnait alors que le pasteur qui avait occupé un dimanche la chaire de l'Oratoire, répétât, huit jours après, le même discours dans celle de Sainte-Marie. Ce dernier temple était négligé; il n'avait pas même de doubles portes, et le pasteur voyait, du haut de la chaire, passer les voitures dans la rue Saint-Antoine; le bruit, le froid, la répétition régulière de sermons récemment entendus, écartaient les fidèles de cette église. M. Coquerel s'imposa la loi de ne jamais y répéter un discours déjà prêché et de réserver les sermons qui lui semblaient les plus persuasifs pour cet auditoire si peu considérable. Il réussit ; au bout de quelque temps, quand il occupait cette chaire jadis délaissée, cette petite église des Visitandines où, sous Louis XIV, Mascaron et d'autres avaient réuni de nombreux auditoires, vit la foule l'envahir tout entière, longtemps avant l'heure, pour entendre le pur évangile. La puissance entraînante de sa prédication amenait bien des catholiques dans les rangs de nos assemblées, et peu d'années se passèrent dans ce long ministère sans qu'il reçût plus d'un prosélyte dans notre Église. D'autres ont recherché davantage et réalisé mieux peut-être une prédication classique; pour lui, c'était toute son âme, tout son être, sa conviction ardente, sa parole éclatante et colorée, ses émotions pieuses, ses vives espérances, sa foi sympathique et communicative qu'il faisait passer dans l'assemblée avec une rare énergie, avec une vigueur intarissable pendant de longues années. Persuadé, comme le dit saint Paul, que *la foi vient de l'ouïe*, il regardait comme le premier devoir du ministre de Jésus-Christ de communiquer sa foi à ses frères et de la nourrir dans leurs âmes par la parole. A Paris, les nécessités compliquées de la vie et du ministère dans cette grande capitale, l'obligèrent à cesser peu à peu d'écrire en entier et d'apprendre par cœur ses sermons. Il se livra dès lors à l'improvisation, mais à une improvisation fortement préparée par la méditation et l'étude du sujet; il rédigeait une courte analyse de son discours, très nettement déterminée dans ses lignes principales et ses points d'arrêt. Quant aux mots, il ne s'en occupait point d'avance, et ses longs travaux antérieurs lui avaient donné une facilité et une abondance de langage, animée, enflammée, qui ne lui a jamais fait défaut.

En un demi-siècle de ministère, il a prêché 1660 fois.Son premier sermon d'étudiant (4 janvier 1813, à Montauban), eut pour texte les paroles mêmes que sa veuve, cinquante-cinq ans plus tard, a fait inscrire sur les lettres qui ont annoncé son décès à ses amis : *Bienheureux sont les morts qui meurent au Seigneur... ils se reposent de leurs travaux et leurs œuvres les suivent.*

Le sujet de sa 1660e et dernière prédication, le Vendredi-Saint, 19 avril 1867, à l'Oratoire, c'est cette parole de Jésus mourant qu'il admirait au point de dire souvent qu'il est impossible de la répéter avec assez d'expression et d'âme : *Il dit à sa mère : femme, voilà ton fils. Puis il dit au disciple : voilà ta mère.* Ce sermon n'était pas nouveau alors. Le dernier qu'il ait composé est intitulé : *l'Attente de la Moisson*, sur Math. 13, 28 (Oratoire, 17 février 1867). Ce fut, à une seule exception près, le dernier qu'il prépara. Il avait reçu le 17 mai la douloureuse nouvelle de la mort de son fils, le docteur Jean-Charles Coquerel, directeur de l'hôpital de Saint-Denis (Ile de la Réunion). Il supportait ce deuil avec un courage chrétien ; mais à son âge, un repos prolongé lui aurait été plus indispensable que jamais après ce coup terrible. MM. Martin et Montandon le rem-

placèrent plus d'une fois avec un touchant empressement ;
mais craignant d'abuser de leur dévouement, il voulut
prêcher le 30 juin, il prépara un discours sur le seul sujet dont
il pût s'occuper, *la Joie des réunions éternelles*, sur ce
texte : Si nous n'avions d'espérance en Christ que pour
cette vie seulement, nous serions les plus misérables de tous
les hommes (1 Cor. 15-19.) Toute la semaine il lutta héroï-
quement contre sa douleur pour se contraindre à ce travail.
Le vendredi il y parvint enfin et réussit à écrire l'analyse
qu'il comptait porter en chaire. Mais c'en était trop ; le
ressort était brisé ; il eut dans la nuit suivante une première attaque de congestion cérébrale qui mit fin pour lui à
tout ministère actif.

Le nombre total de ses sermons est de 893 dont 292 écrits
en entier et le reste en analyses suffisamment développées
pour servir au besoin de thèmes à de nouvelles prédications. Sur ce nombre, 96 ont été publiés et forment 6 recueils (sans compter 10 sermons détachés), 110 l'ont été en
abrégé sous le titre de *Méditations*. (1859, in-12.)

Nous n'avons pas la liste des diverses fonctions pastorales
qu'il a remplies pendant ses 12 ans de ministère en Hollande ; elle ne serait pas très longue ; quoique les prédicateurs français qui édifient puissamment aient, en ce pays
où toute personne bien élevée sait notre langue, de nombreux auditoires, beaucoup de ceux qui vont les entendre
appartiennent à des Eglises hollandaises et y font accom-
plir les actes religieux de leur famille ; aussi la prédication
de M. Coquerel et ses livres occupèrent pendant cette première période presque tout son temps.

A Paris, il en fut tout autrement. Le nombre des services
funèbres qu'il y a présidés est de 441 (1) ; il y a béni 1282

(1) Parmi lesquels nous n'en mentionnerons que deux, les discours prononcés
par lui ayant été publiés : celui de Benjamin Constant (*Courrier français*, 14
décembre 1831) et celui de son ami l'amiral Baudin, président du Conseil Cen-
tral et membre du Consistoire de Paris (*Journal des Débats*, 16 juin 1854).

mariages et administré 2070 fois le baptême (y compris un certain nombre d'adultes). Enfin les catéchumènes qu'il a préparés et admis à la Sainte-Cène sont au nombre de 1238, parmi lesquels figurent d'assez nombreux prosélytes.

Dès les premiers mois de son séjour à Paris, l'instruction religieuse de la jeunesse l'occupa beaucoup. Il y avait alors à cet égard très peu de ressources pour les protestants de Paris. Il se lia avec M. Goubaux, connu à double titre comme littérateur et comme chef d'institution, et fonda dans son pensionnat, appelé alors de *Saint-Victor*, un cours de religion protestante qu'il continua de 1831 à 1848 ; son fils aîné l'y remplaça depuis cette époque. La pension Saint-Victor est devenue successivement le collège municipal de *François I*er et de *Chaptal*.

A cette époque, tous les colléges et lycées de Paris n'avaient qu'un seul aumônier protestant, à *Louis-le-Grand* ; après M. Boissard (de l'Eglise Luthérienne), M. Frédéric Monod remplit longtemps ces fonctions. Les familles libérales désiraient pour leurs fils un enseignement conforme à leur foi. En 1841, M. Coquerel fut nommé aumônier protestant du collége *Henri IV*.

Prédication, pastorat proprement dit, enseignement catéchétique, ces moyens anciens et sacrés d'évangélisation ne suffisent plus à notre époque ; et dans toutes les Eglises on a senti le besoin de créer pour le service de la religion une presse périodique spéciale. La *Revue protestante* de Charles Coquerel cessa de paraître en 1830. Les *Archives du Christianisme*, fondées jadis en dehors de toute distinction de doctrine ou de parti, prenaient une couleur de plus en plus orthodoxe. M. Coquerel créa en juillet 1831, le *Protestant, journal religieux, politique, philosophique et littéraire*. A la fin de 1833, cette feuille trimensuelle avait obtenu un succès bien rare ; elle avait réalisé près de 2000 fr. de bénéfices. Quelques amis furent consultés sur les meilleurs moyens à prendre pour utiliser cette somme en agrandissant la périodicité du journal et sa sphère d'action. On en changea le titre : le *Libre Examen* (hebdomadaire), fut dirigé dès lors par M. Athanase Coquerel et par un des hommes qu'il a le plus aimés, M. Artaud, alors inspecteur de l'Académie de Paris (dont il est mort vice-recteur.) Pendant quelque temps, M. Joel Cherbuliez y concourut par une Revue Critique des Livres Nouveaux qu'il en a détachée plus tard et qui, publiée à part, a pris plus de développement et de notoriété. Le *Libre Examen* eut moins de succès pécuniaire que son prédécesseur, dont il eut bientôt épuisé les économies. Cependant M. Coquerel, resté seul à la tête du journal, le continua jusqu'à la fin de 1836. A cette époque, la mort du vénérable Monod père, et d'autres circonstances encore firent penser au pasteur qu'il devait donner son temps tout entier à son ministère direct. L'*Évangéliste*, dirigé à Nîmes par M. Fontanès père, prit la place vacante dans le journalisme protestant (1). Mais cette feuille, publiée loin du centre des nouvelles, parut insuffisante à bien des esprits ; la lutte des deux tendances au sein de l'Eglise était déjà animée, et l'on crut qu'il y avait désavantage pour la foi libérale à n'avoir point d'organe à Paris où les *Archives* paraissaient toujours, rédigées par M. Frédéric Monod, et où l'*Espérance* venait d'être fondée. Le *Lien* fut créé en 1841 par M. Coquerel, avec le concours de ses collègues MM. Martin-Paschoud, Montandon, Vors et Juventin (de la consistoriale de Paris), Buisson, Aeschimann, Illaire, Duminy, Viguier et Courtin (de celle de Lyon). M. Rouville fut nommé rédacteur ; M. Coquerel prit une part très active à cette publication, soit par un grand nombre d'articles détachés sur toutes sortes de sujets, soit par des séries de tra-

---

(1) M. Coquerel y écrivit quelquefois, 1839, p. 123 ; 1840, p. 107. — Il avait collaboré aussi à une *Revue Critique*, intitulée le *Siècle*, t. I, p. 42 ; t. II, p. 27 et 142.

vaux plus étendus, et c'est dans le *Lien* que parurent pour la premiêre fois plusieurs de ses écrits : son *Orthodoxie moderne* (3 éditions) ; sa *Réponse à Strauss* (3 éditions) ; sa *Lettre à l'archevêque de Lyon sur les* COLLATIONES PRACTICÆ (4 éditions).

Réorganisée en 1844, la rédaction, qui de M. Rouville avait passé à MM. Bastide, Haag et Buob, fut confiée à M. Charles Coquerel qui y consacra ses dernières années et, lorsque la santé lui fit défaut, la transmit au signataire de ces lignes, aidé depuis 1855 par son frère, dont la participation à ce journal est devenue de plus en plus considérable. Personne ne s'est étonné, il y a huit jours, de voir paraître encadré de deuil pour annoncer la mort de M. Coquerel, ce journal auquel depuis 28 ans il portait un si grand intérêt, et dont il avait été le principal fondateur.

Nous ne pouvons que mentionner ici, sans en essayer même l'appréciation. ses principaux ouvrages. Ceux qu'il avait publiés à Amsterdam, le furent de nouveau à Paris : sa *Biographie sacrée*, corrigée et augmentée d'un laborieux *Essai sur les dates de la Bible* ; sa *Première lettre sur les Hiéroglyphes* insérée avec une seconde dans les *Annales de la Philosophie chrétienne* d'août 1833 ; ses *Esquisses poétiques de l'Ancien Testament*; le poème du *Calendrier*, dans lequel il avait eu recours à la poésie didactique pour forcer sa mémoire, un peu rétive en matière de chiffres, à retenir des détails nécessaires à ses études de chronologie (1) ; ses *Hymnes* de Mme Barbauld (6 éditions), ses deux premiers

(1) La 3e édition des *Esquisses* contient. outre le Calendrier et des poésies diverses, *Azael*, tragédie tirée de l'Écriture sainte. M. Coquerel est auteur de beaucoup d'autres poésies qu'il n'a pas publiées. La plus connue est une œuvre de sa jeunesse, que la plupart de ses anciens amis n'ont pas oubliée. C'est un poème en douze chants, dans le genre du *Lutrin* de Boileau, la *Psaltémachie* ; il s'agit d'un concours de chantres dans l'église de Montauban. Nous mentionnerons aussi un drame inédit en vers, l'*Incrédule, ou la Fille du Quaker.*

volumes de *Sermons* reçurent, de l'accueil du public français, un nouveau droit de cité dans la littérature protestante de notre pays.

Beaucoup d'autres écrits suivirent : *Le Cours de religion chrétienne* pour les catéchumènes (3 éditions), l'*Histoire Sainte et analyse de la Bible* pour des élèves plus jeunes (4 éditions). Un ouvrage dogmatique plus considérable, depuis longtemps médité, fut achevé ensuite : le *Christianisme expérimental* (2 éditions 1847 et 1866). Ce livre fut mis à l'index à Rome par décret du 23 mars 1850.

Citons aussi diverses brochures de circonstance :

1° *Lettre à M. Guizot* sur son article de la *Revue française* : *Du Catholicisme, du protestantisme et de la philosophie en France* (in-8° 1838).

2° *Lettre à un pasteur*, sur l'organisation des églises réformées (in-8° 1840).

3° *Lettre à M. le pasteur Juillerat* (in-8° 1842, deux éditions).

4° *Le Quatrième dimanche d'octobre* dans le temple de l'Oratoire et dans l'église Notre-Dame-des-Victoires (in-12 1857).

5° *Création de deux nouvelles places de pasteur dans l'Église réformée de Paris* (in-12 1860).

6° Il inséra dans la *France Protestante* de MM. Haag, t. ix, p. 349, une notice sur son ancien collègue et ami d'Amsterdam, Josué Teissèdre-l'Ange.

En vain notre plume voudrait se refuser à une partie profondément douloureuse de notre tâche. Il ne nous est pas possible d'y échapper. Rappelons le plus brièvement possible les luttes qui ont déchiré notre Eglise, qui ont affligé et abrégé les derniers jours de son pasteur.

Au commencement de ce siècle, l'Église réformée de France n'était plus orthodoxe, et l'on écrivait avec indignation au moment du réveil de l'orthodoxie que, sur

sept cents pasteurs, trois seulement professaient les doctrines du lendemain de la réforme. C'était une exagéra-
tion, mais non une erreur. Ce fut surtout à Genève, par
l'influence de MM. Haldane, que plusieurs étudiants en
théologie, entre autres M. Frédéric Monod et ses frères,
devinrent orthodoxes, ou, comme on disait plutôt alors, *mé-
thodistes*. La même doctrine apportée par eux et par d'autres
en France, commença à s'y répandre ; et peu après la révolution de juillet, quelques disciples de Vinet y fondèrent
des lieux de culte séparés, par ce double motif, franchement
déclaré, que l'Église, pour être *fidèle*, ne devait pas, selon
eux, rester unie à l'État et surtout qu'elle devait s'épurer en
rejetant de son sein ceux de ses membres qui n'étaient pas
orthodoxes. Cette dernière opinion était aussi au fond celle
des orthodoxes qui restèrent membres ou pasteurs de l'Église
nationale. M. Coquerel vit clairement que ces derniers
étaient poussés par leur doctrine même à s'emparer de la
domination dans l'Église, et à en expulser ceux qui ne s'y
soumettraient pas. Longtemps il avertit de ce danger toujours croissant le Consistoire alors en majorité libéral, et
l'Église, qui ne pouvaient croire à de si coupables desseins.
En même temps les journaux, et dans l'occasion des brochures, des livres, partis du côté orthodoxe, attaquaient vivement M. Coquerel et son enseignement, et lui refusaient le
titre de chrétien. Mais ces débats n'avaient encore dans le
public qu'un retentissement relativement assez faible.

En 1836, une personne pieuse, aidée d'abord par une autre, puis seule, voulut créer à Batignolles (hors Paris alors),
un temple, qui de fait, devint le troisième lieu de culte de
l'Église réformée ; le fondateur, un tailleur qui s'était retiré
avec une très modeste fortune et sans enfants, obéissait à
un pieux désir que sa femme, au lit de mort, lui avait té-
moigné. Cet humble et touchant mandat fut remis entre les
mains de M. Coquerel, qui resta entièrement maître de la

manière de l'exécuter. Il voulut aussitôt montrer qu'on pouvait, sans ombre de séparatisme, créer au sein de l'Église nationale, par des efforts individuels, un nouveau temple. Avec une vive joie et un zèle infatigable, il lutta longtemps contre des obstacles graves et de diverse nature. Le temple construit, il écrivit à tous les pasteurs nationaux de Paris, réformés et luthériens, orthodoxes et libéraux, leur ouvrant cette chaire et leur offrant le nombre de prédications qu'ils voudraient y donner. Tous acceptèrent; tous prêchèrent dans la chaire nouvelle. Jamais je n'oublierai ce jour de pieuse joie et d'actions de grâces, le 25 décembre 1835, jour de Noël, où il fit la dédicace de cette nouvelle église. Ce modeste édifice était le premier sanctuaire protestant élevé à Paris par la piété privée dans un esprit de concorde avec tous et de fraternité chrétienne. Bien des larmes de gratitude envers Dieu coulèrent des yeux de la nombreuse assistance. Le grain semé sous de si pieux auspices germa, et la moisson ne se fit pas longtemps attendre. L'église de Batignolles grandit; il lui fallut un pasteur. M. Rouville remplit plusieurs années avec zèle ces fonctions. Enfin, en 1844, arriva le jour heureux où cette jeune église, reconnue par l'État, prit rang parmi ses sœurs; une place de pasteur y fut créée. Le Consistoire écarta M. Rouville et nomma M. Grand-Pierre, quoique ce dernier eût déclaré qu'il ne céderait jamais la chaire à M. Coquerel, à cause de ses doctrines. Quand M. Louis Vernes fut nommé à cette même église en remplacement de M. Grand-Pierre, il se montra au premier abord moins dur; mais ses amis lui en firent des reproches et il se rétracta. Cette même chaire, ouverte à tous les pasteurs de Paris par M. Coquerel, lui fut donc systématiquement refusée par ses collègues et lui resta fermée jusqu'à sa mort. Combien il en souffrit, Dieu seul le pourrait dire.

Parmi nos diverses sociétés religieuses, la Société pro-

testante d'instruction primaire est celle qui lui inspira
la plus active sympathie. Ce fut lui qui, à la séance an-.
nuelle de 1843, dans un discours qui enleva toutes les
adhésions, proposa aux dames et aux jeunes filles d'or-
ganiser une vente annuelle pour la Société. La vente eut
lieu; le succès en fut très considérable. On vit la recette
s'élever à 36,000 fr. Pendant longtemps la vente des écoles
rallia, en un seul faisceau, plein d'émulation et d'ar -
deur, les protestants des deux tendances. Mais depuis
quelques années, la majorité du comité étant devenue
orthodoxe et restreignant systématiquement la juste part
des libéraux dans la direction de l'œuvre pour laquelle
ils ont tant fait, là encore l'exclusivisme a produit ses fruits
mortels. Le résultat de la vente diminue constamment

En 1843, M. Coquerel célébra un acte religieux qui fut
pour lui une grande joie. Il se rendit à Nîmes pour consacrer
au saint ministère son fils aîné. C'était à l'époque d'une des
conférences pastorales du Gard. Soixante-huit pasteurs, d'o-
pinions diverses, imposèrent les mains aux deux candidats,
M. Dardier, pasteur à Nîmes, et le soussigné. Le vénérable
M. Dardier père prononça la prière et M. Coquerel le sermon, qui fut publié par les soins de M. Grawitz, un des pasteurs consacrants (1). Cette édifiante journée n'est pas encore oubliée à Nîmes; on se souviendra longtemps de
l'éloquente ferveur et de la foi ardente avec laquelle le
pasteur de Paris conféra à son fils le saint ministère. Il était
loin d'entrevoir les cruelles souffrances que son cœur pa-
ternel aurait à endurer au sujet de cette carrière pastorale
qu'il ouvrait avec tant d'enthousiasme chrétien ; mais il
l'aurait su qu'il n'eût pas hésité. Le service de la bonne
cause de l'Église et de Dieu tenait la première place dans
ses préoccupations.

(1) Souvenir de la consécration de MM. A. Coquerel et C. Dardier.
Montpellier, in-8, 1844.

Dix ans après, ce fut à Paris, dans le temple de Pentemont, avec le concours de dix-huit collègues d'opinions différentes, qu'il consacra un autre de ses fils, M. Etienne Coquerel.

Nous ne ferons que mentionner rapidement ce que M. Coquerel appelait lui-même l'*épisode* politique de sa vie. On avait remarqué sous le règne de Louis-Philippe, dans son *Christianisme expérimental*, un mot sur le gouvernement républicain. Ce fut surtout ce qui donna l'idée de l'appeler à l'assemblée nationale. Nous avons vu du reste et entendu plusieurs de ses adversaires religieux, fort effrayés alors de la situation du pays, le prier vivement d'accepter une candidature que sa supériorité intellectuelle, son courage et la confiance qu'il inspirait à tous leur faisaient appuyer de toutes leurs forces. D'autres le poursuivirent de leurs attaques, et on le vit dans un club ultramontain accusé par des protestants de violences anticatholiques (pour quelques lignes de son frère contre les couvents, dans le *Lien*); ce club rejeta sa candidature; et en sortant de là il nous dit : ceci me fait croire que je serai nommé. Il le fut en effet; ses discours dans de nombreuses assemblées électorales (1), en des quartiers très différents, avaient été accueillis presque partout avec un vif enthousiasme. Il fut élu par 109,934 voix. Dans le département du Gard, où on avait aussi songé à l'élire, il avait réuni 16,389 voix. Il fut réélu par les électeurs de Paris à la Législative, cette fois sans avoir rien fait pour sa nomination, par un nombre de suffrages plus considérable que la première fois : 110,450.

Le succès si éclatant de sa parole, soit dans la chaire, soit dans les assemblées électorales, ne fut pas le même dans la chambre. Son genre d'éloquence se trouva convenir moins bien à la tribune politique; il n'y figura point parmi

(1) Dix-neuf sur quarante-cinq qui l'avaient invité.

les orateurs de premier rang. Mais il s'y fit écouter avec intérêt et il monta à la tribune toutes les fois qu'il y put être utile. Il fut un des députés les plus laborieux de l'Assemblée, souvent membre, président ou rapporteur de commissions importantes. Membre de la commission de constitution, il prit à ses travaux une part active. Il demanda plus tard l'abolition de la peine de mort (avec M. Buvignier)(1). Son œuvre principale fut un *Rapport à la constituante sur l'organisation de l'assistance publique*, rapport que l'assemblée législative fit réimprimer et distribuer à ses membres (108 p. in-8°). Il prononça aussi un discours important sur l'*instruction publique* (4 février 1850), et d'autres sur des matières politiques qui ne sont pas de notre ressort (2). En 1849, on remarqua sa participation au Congrés international de la paix qui eut lieu à Paris, sous la présidence de M. Victor Hugo. M. l'abbé Deguerry et M. le pasteur Coquerel étaient vice-présidents pour la France, Cobden pour l'Angleterre, etc. (3.)

Rentré dans la vie privée, il cessa absolument de s'occuper de politique ; l'*épisode* était terminé, et, comme il l'avait toujours annoncé, il se renfermait paisiblement dans son ministère de pasteur. A son passage à travers le monde officiel, il ne voulut gagner que quelques amis ; il conserva toujours pour des hommes tels que MM. Vivien, Dufaure, et d'autres moins connus, une affectueuse considération.

(1) Discours pour l'abolition immédiate de la peine de mort, dans le *Compte-Rendu* officiel, 1848, t. 4, p. 46 ; 1849, t. 4, p. 106, et *Lien* même année, p. 185.

(2) Disons, cependant, à propos de son discours du 21 février 1849 (voir le *Lien* du 3 mars) qui a été vivement critiqué, et où nous-même ne pouvons partager son opinion, qu'il y déclara hautement que le catholicisme doit *finir par l'abandon des fidèles*, et ajoutons qu'il était en ce moment ému d'horreur par un attentat récent, l'assassinat de M. Rossi ; attentat contre lequel il voulait que tous, et les protestants les premiers, s'empressassent de protester.

(3) Le *Lien* a publié (1849, 15 septembre), le principal discours qu'il prononça dans cette assemblée où se trouvèrent réunis 600 anglais, 150 américains, des allemands, des belges, des hollandais et un nombreux public parisien.

Simple chevalier de la Légion d'Honneur depuis janvier 1835, il n'a jamais reçu d'autre récompense honorifique de ses longs et nombreux labeurs, et cette croix, que son vénérable ami, le marquis de Jaucourt, lui avait fait décerner à son insu, brillait seule, trente-trois ans après, sur la robe de pasteur qui fut l'unique ornement de son cercueil.

Il nous reste à désigner les ouvrages divers qu'il publia de 1852 à sa fin. Ce sont surtout la *Christologie* ou *Essai sur la personne et l'œuvre de Jésus, en vue de la conciliation des Eglises chrétiennes* (2 vol. in-12, 1858),

Le *Traité des Mariages mixtes* (in-12, 1857),

Les *Observations pratiques sur la prédication* (in-12, 1860),

Un *Projet de Discipline pour les Eglises réformées de France* (in-8, 1861),

Et enfin, *Athalie et Esther, de Racine, avec un commentaire biblique* (in-8, 1863) (1).

(1) Un grand nombre des ouvrages de M. Coquerel ont été traduits en différentes langues. Sa thèse d'étudiant, qu'il fit à Montauban, fut traduite en espagnol. Presque tous ses écrits ont paru en hollandais dès qu'ils étaient publiés. Le *Christianisme expérimental* (Het Proefondervindelijk Christendom, 2 vol. in-8⁰, 1848, Amsterdam); la *Réponse à Strauss* (à Arnhem, 1 vol. in-8°, 1842); les *Méditations*, par C.-S. Adama de Scheltema (1 vol. in-12. Amsterdam, 1859); une partie des sermons, en divers lieux et de différentes mains. Le troisième recueil parut en contrefaçon à Leyde, in-8°.

En anglais, le Rév. D. Davison, M. A. a traduit le *Christianisme expérimental* (Christianity, its perfect adaptation to the mental, moral and spiritual nature of man. Longman, 1 vol. in-8, 1847). L'auteur écrivit une préface en anglais pour ce volume. Le Rév. A. Bertram a publié les *Observations pratiques sur la prédication*, avec le titre du *Preacher's Counsellor*. (Londres 1 vol. 18°, 1867). Le *Cours de religion* a été reproduit sous le nom de *Treatise on the christian religion*. (Londres, 1852, 1 vol. in-12.) Aux États-Unis, on a publié un choix des sermons de M. Coquerel, sous un titre dont il n'est pas responsable : *Protestantism in Paris* (1 vol. in-12. Boston, 1854.)—Un autre sermon de lui a paru avec des discours de Saurin, Bossuet, Fénelon, Bourdaloue, Massillon, Vinet, etc., dans un recueil intitulé : *French pulpit eloquence*, par W. Johnstone, A. M. Édimbourg, 1841.

Nous avons déjà cité la version allemande de la *Biographie sacrée*, 2 vol. in-8°, Stuttgart et Leipzig. — M. Plotz a fait paraître à Leipzig, en 1843 : *Guizot und Coquerel über dem protestantismus in Frankreich*. C'est l'article de la *Revue française* et la lettre par laquelle M. Coquerel y répondit.

Un sermon sur les deux Symbolismes, protestant et catholique, qui a eu deux

M. Coquerel avançait en âge. — Déjà accablé de travail, en 1847, il avait prié M. de Salvandy, avec lequel il était lié, de nommer à sa place son fils aîné aumônier du collége Henri IV; il s'était démis aussi en sa faveur de ses fonctions à Chaptal (1). Aidé par lui, il suffit pendant près de quatre ans, à la rude tâche d'un pasteur en activité de service occupant, en des temps si difficiles, le poste de député de Paris. En 1850, son collègue, M. Martin-Paschoud, proposa le soussigné pour son suffragant. Ce fut pour M. Coquerel une joie bien légitime que de donner des conseils à son fils et de le voir travailler à ses côtés, sous les auspices d'un ami, au service de son Eglise bien-aimée. La suffragance du suppléant de M. Martin fut réduite à deux ans en 1861, et lui fut retirée en février 1864. Nous n'essayerons pas de raconter ce que souffrit M. Coquerel; il n'a jamais pu le dire lui-même; mais ses fidèles auditeurs ont pu s'en faire une idée, lorsque chaque année il recevait comme membres de l'Eglise les catéchumènes de son fils. La dernière fois, le

éditions à Paris, a été traduit en anglais par le Rév. E. Higginson (*Christian Observer*, new séries, n° 167, p. 664), en allemand, par le professeur Von Dalen (Erfurth, in-8°), et en hollandais.

Les Observations pratiques sur la prédication ont été traduites en hollandais sous le titre de *Praktische Beschouwingen over het Preêken*. Amsterdam, 1860.

La traduction des hymnes de Mme Barbauld a été retraduite en langue magyare: *Dics-Enehet. (Hymnusok) angol nyelven szerzette Barbauldno francziàra forditotta Coquerel Athanàz)*, par M. Benjamin Balo. Aradon, 1855. — Cette même traduction a été à la fois falsifiée et contrefaite à Paris en 1863, sous ce titre mensonger : *Hymnes en proses pour les enfants*, traduits de l'espagnol par la sœur M***, fille de la charité de Saint-Vincent-de-Paul et dédiés par elle aux salles d'asile. La sœur réelle ou imaginaire a *adopté* la traduction de M. Coquerel en y ajoutant quelques mots en l'honneur de la Vierge.

Les sermons sur l'Oraison Dominicale ont paru en danois à Copenhague : *Fader Vor*, etc., 1863.

Nous manquons de renseignements sur d'autres traductions allemandes, danoises, suédoises et hongroises.

(1) Rappelons ce que tout le monde sait, c'est qu'à cette époque et longtemps après, les consistoires n'avaient jamais été consultés sur les nominations d'aumôniers de lycées faites directement par le Ministre de l'instruction publique. Il en était de même absolument, qu'il s'agit de nominations orthodoxes ou libérales.

vendredi-saint 1867, il leur dit ce seul mot : « Tout ce que je vous ai dit, c'était à une autre voix que la mienne à vous le dire... » Les sanglots étouffèrent sa voix ; son cœur déchiré arrêta sa parole, et dans le silence de l'Oratoire plein d'une foule recueillie, on entendit les pleurs de sympathie des catéchumènes et de leurs mères répondre à la voix défaillante du vieux pasteur.

Redirons-nous ici qu'il avait demandé, en août 1863, un suffragant? Il aurait dû le demander plus tôt pour sa santé. Quand un homme de cette énergie et de cette activité réclame de l'aide, on devrait comprendre qu'il y a urgence ; on ajourna sans pitié la demande à près de six mois; puis quand enfin on s'en occupa, on refusa trois suffragants successivement ; l'un, disait-on, était jeune et ardent; l'autre avait rendu des services à l'*Union protestante libérale;* un troisième n'avait pas une doctrine assez saine ; tous se refusaient à une déclaration dogmatique illégale et imaginée *après* la demande de suffragant de M. Coquerel. En dernier lieu, le danger de mort devenant menaçant et visible, un homme de cœur, prévenu du péril par nous-même, provoqua une mesure, tardive, hélas! et sans résultat. La seule chose qui ait empêché le digne et pieux M. Grawitz d'être repoussé comme MM. les pasteurs Valès, Rives, et Vèzes, ce fut la mort de M. Coquerel.

Avant de finir, qu'il nous soit permis d'oublier ces circonstances cruelles, pour ne penser qu'aux marques d'amour, de gratitude et de vénération qu'ont données de tous côtés au pasteur défunt, les petits comme les grands, les pauvres comme les riches, ses anciens catéchumènes comme des écrivains politiques de toute opinion, quelques rares amis de la jeunesse de ce vieillard et bien des enfants dont il avait consolé ou assisté les grands-pères et les pères, Ah ! quelque terribles que soient les injustices du monde, la reconnaissance et le respect profonds dont les touchants échos viennent de toute part à nos oreilles, montent jusqu'à Dieu et lui crient : il a été un vrai et bon pasteur ; il a aimé et il s'est fait aimer ; il a cru et il a enseigné à croire ; il a fait du bien et il a dignement souffert. Enfin, quand le bon soldat, couvert de blessures, frappé au cœur, ne peut plus combattre pour son drapeau, il peut mourir au poste, abrité sous ses plis sacrés. C'est ainsi qu'il est mort.

Ath. COQUEREL fils.

Paris.—Typographie Alcan-Lévy, boulevard Clichy, 62.

www.ingramcontent.com/pod-product-compliance
Lightning Source LLC
Chambersburg PA
CBHW061336050726
47595CB00005B/1958